Celine Antonia Marie Moebis

Gedankenlose Nachtschwärmer, sorgenvolle Träumer

Celine Antonia Marie Moebis

Gedankenlose Nachtschwärmer, sorgenvolle Träumer

Gedichtband

Bibliografische Information der Deutschen Nationalbibliothek:
Die Deutsche Nationalbibliothek verzeichnet diese Publikation in der Deutschen Nationalbibliografie; detaillierte bibliografische Daten sind im Internet über http://dnb.dnb.de abrufbar.

© 2023 Celine Antonia Marie Moebis

Herstellung und Verlag: BoD – Books on Demand, Norderstedt

ISBN: 9783754351376

Die Macht der Stille

Es ist nicht leicht zu sagen,

was Stille mit einem macht.

Man kann das eigene Sein kaum ertragen,

der Blick kann in allem nur ein schwarzes Loch erfassen.

Zeitverschwendung

Traurig

und gleichzeitig einleuchtend

ist die Erkenntnis,

dass wir unsere Zeit damit verschwenden,

Menschen nachzujagen,

die uns eigentlich nichts bedeuten.

Wir verlieben uns in ein Bild,

das nur in unserem Kopf existiert.

Wäre es nicht viel bereichernder,

wenn wir uns intensiv in ein Abenteuer stürzen,

ertrinken in Stunden des Glücks mit einem Menschen,

der uns den Atem raubt?

Und nicht,

weil uns sein äußerer Schein bannt,

sondern weil er voller Güte, Weisheit und Liebe ist,

die nur uns gilt.

Ich fehle mir

Früher rechtfertigte ich mein Verhalten mit den Worten:

„Ich will ihn, und wenn das bedeutet, warten zu müssen, warte ich."

Mittlerweile habe ich gelernt,

die liebevollen Ratschläge anzunehmen.

Denn ja, du fehlst mir sehr,

aber ich fehl' mir mehr.

Vielleicht, vielleicht machst du es dir zu leicht

Vielleicht –

Vielleicht machst du es dir viel zu leicht.

Sich nicht festzulegen, das kann jeder,

vertrauensvoll versinken in des anderen Sein

ist so viel schwerer.

Nest in meinen Gedanken

Ich dachte,

ich hätte dein Blau aus den Augen verloren,

aber du hängst immer noch in meinen Gedanken fest,

still und heimlich hast du dir ein Nest gebaut,

fest verankert und getragen von den Wurzeln meiner Vorstellungen.

Der Vorstellungen davon,

wie es mit uns sein könnte,

obwohl ich doch weiß, dass es niemals so werden wird.

Tränenmedizin

Tautropfen benetzen

pinke Perfektion,

doch vermögen ihre Schönheit nicht abzuwerten.

Genauso macht Weinen dich zu keinem schlechten Menschen.

Magische Flüssigkeit,

die deinen Schmerz repariert,

dass du gestärkt in den Tag wandern kannst.

Glücksschnitte

Meine Seele blutet,

ich entdecke jeden Moment meines Lebens wieder neu.

Ich danke dir für den Schmerz,

den du mir zugefügt hast,

bis ich mich fast auflöste.

Jeder Schnitt zeigte mir

das Glück,

das liegt in gleichmütiger Selbstliebe,

losgelöst von dir.

Gewohnheitsnest

Du hast dir im Bett der Gewohnheit ein Nest gebaut,

morgens, mittags, abends,

routinierte Abläufe sind das Kissen unter deinem Kopf.

Die Decke besteht aus den Herzen der Menschen,

die dich bedingungslos lieben.

Ein bunter Flickenteppich,

und doch ist alles sauber vernäht.

Doch frage dich stets:

Bin ich zufrieden und froh,

hundert Prozent,

oder lässt mich die gleichmäßige Gewohnheit nur wohlig warm fühlen,

ohne ein flammendes Feuermeer zu entzünden?

Schlummert nicht viel mehr Potential in mir,

wie ein feuriger Drache,

Begeisterungsströme entfachend,

der aus der wohligen Wärme einen übersprudelnden Ozean machen kann.

Tränenmeer

Ein Ozean aus Tränen

flutet meine Augenlider.

Ich kann nicht mehr das perfekte Mädchen spielen,

die Eisprinzessin,

die Schmerzen nicht kennt,

wenn doch die Enttäuschung meine Brust zerschneidet

wie ein Schwert.

Doch die Tränen gefrieren bald zu Eis,

das meine Wangen benetzt und mein Herz verschließt.

Die Enttäuschung macht mich schließlich zu dem,

was ihr alle bereits in mir saht.

Maske aus Eis

Fragst du dich, wie die Eisprinzessin zu ihrem starren Lächeln
kam?

Mit sicheren, stillen Schritten

verließ er ihr Leben.

Er verschloss nicht nur die Tür,

sondern auch ihr Herz,

hart, der hölzerne Schlüssel

spült mit ihren Tränen den Abfluss herab.

Seine sicheren stillen Schritte ließen sie in eiskalter Einsamkeit
zurück.

Hoffnungslose Leere

Feine Spinnenweben

umfassen die leere Lücke,

in der einst ihr Herz ruhte.

Er hatte es ihr entrissen,

als er gelassen ging.

Ein tropfendes Tuch konnte das Rinnsal kaum stoppen,

rostrote Tränen auf nährstofflosem Grund,

Liebe und Vertrauen können nie wieder Wurzeln schlagen.

Sie hat aufgehört zu warten

auf den Vogel,

der den Zweig bringt,

der endlich schwer genug ist,

um das Netz zu durchbrechen.

Allgegenwärtiges Rostrot

In nackter Verzweiflung

klatscht die Gischt an den Fels.

Kantig und scharf,

eine aufgeplatzte Lippe,

Blut rinnt in den Sand,

verschwindet, verlorene Erinnerung

wie ein verblasstes Polaroid,

ausgebleicht von der Sonne.

Der Sommer ist längst vorbei

und doch hältst du dich verzweifelt fest an dem Bild der Idylle,

Tücke der Gedanken,

Blut floss schon immer und versickerte langsam im Sand.

Zuckersüße Lügen

Honigperlen –

Deine Worte tropfen heraus

und verkleben meinen Mund.

Zuckersüße Lügen,

doch ich schmecke nur den schönen Schein.

Doch was wäre,

wäre ich ein Tahini-Liebhaber,

dem die bittere Wahrheit so viel besser schmeckt?

Insel der Ruhe

Eine Feder schwebt hinab,

sie streift mein Gesicht,

in ihr bricht sich das Licht

des verschlafen lächelnden Tages.

Verheißungsvolle Geborgenheit,

umschlossen in meiner Hand.

Ich kann Heimat bieten,

wenn es die Zeit verlangt,

ein Aufwachen auf tief versunkener Ruheinsel.

Worte schwer wie Blei

„Das schaffst du niemals. Gib doch gleich auf."

„Der folgt dir bei Social-Media? Hat er deine Bilder überhaupt gesehen?"

„Dafür bist du nicht klug genug."

„Du bist so selbstbezogen, denke doch mal auch an andere."

„Du bist ein Monster."

Merkst du schon, was die Worte mit dir machen?

Achte auf jedes Wort,

es kann für deinen Gegenüber so viel Gewicht haben,

auch wenn du dir nicht bewusst bist,

dass du einem Menschen mit nur einem Wort

brechen kannst.

Kampf gegen Windmühlen

Ich höre auf,

für dich zu kämpfen,

denn eigentlich kämpfe ich gegen dich.

Du zeigst kein Interesse, meine hoffnungsvolle Hand anzunehmen, sondern lässt mich am langen Arm verhungern.

Am Ende

ist es auch ein Kampf gegen mich selbst geworden,

ich versuche verzweifelt, die Leere in meinem Herzen zu füllen mit deiner Liebe und Zustimmung,

obwohl ich dir nie genügen kann.

Ein Kampf gegen Windmühlen,

ich werde von einem Windstoß davongeweht,

weg von dir aber hin zu mir,

denn endlich weiß ich,

was ich auch ohne dich sein kann,

frei vom Hunger nach deinem Wohlgefallen,

das ich niemals erreichen werde.

Nur ein Blick genügt

Als ich in deine Augen blickte,

wusste ich, was man meint,

wenn man sagt:

„Sekunden können einen für immer begleiten" –

Im Strudel deines Ozeanblau versunken,

schien es, als wäre die Unendlichkeit schon jetzt.

Orangenneid

Ich fange den Saft der Orange auf,

der dein Kinn passiert,

bevor er die Chance hat,

deine Brust hinabzulaufen

und sich in dem Bund deiner Jeans zu verlieren.

Ich schmecke die süß-saure Schärfe und wünschte,

ich würde deinem Mund auch so nah kommen,

wie die Frucht,

die bereits weiß, wie deine Zunge schmeckt.

Königin der Nacht

Heute fühle ich mich

wie die Königin der Nacht,

in einem mitternachtsblauen Kleid,

Rüstung des Mutes,

verlasse ich das Haus.

Ich trete auf die schwach beleuchtete Straße

und rieche bereits die Möglichkeiten,

die dieser Abend verspricht.

Mein Freund, die Angst

Ich begrüße die Angst

schon wie einen alten Freund,

der immer für mich da war.

Genauso fühlt es sich an:

Was bin ich schon ohne die freundliche Hand der Angst,

die mich in andere Welten entführt?

Ich weiß gar nicht mehr,

wie mein Selbst aussieht,

ohne die Maske der Angst –

tränende Grimasse.

Stimmenchaos

Nachtstiller Nebel

kriecht durch den Wald,

überzieht knorrige Stämme

mit einem geheimnisvollen Kleid.

Die lähmende Kälte greift

mit ihren Fingern nach dir,

Todesangst tränkt deine Glieder.

Genauso unerkannt wie Nebel

nagen sich die selbstgefälligen Stimmen anderer

in deine andächtige Stille.

Doch denk daran:

Der Nebel lichtet sich,

wenn du auf eine Lichtung trittst und

dich taumelnd auf dich selbst besinnst.

Sonnenstrahlen – Sanft im satten Grün der Baumseelen.

Des Menschen Kern

Beraube einen Menschen niemals seiner wahren Schönheit,

indem du deine Gedanken des ersten Eindrucks

zu seiner Persönlichkeit werden lässt.

Vergiss nie,

dass der Kern jedes Menschen

reine, unauslöschliche Energie ist,

die jede Sekunde ihre Weg ins Außen bahnen kann.

Dazugehören ist alles?

Mein Körper ist erschöpft

von jedem gezwungenen Lachen,

jedem Aufreißen der Augen in gequälter Überraschung,

wenn doch in mir drin einfach nur Leere herrscht.

Im Kampf des Dazugehörens

habe ich langsam das Körpergefühl verloren,

bis ich schließlich in einem letzten, leisen Aufbäumen

den Stern aufgab,

der meinen inneren Fokus hält.

Und glaube mir:

Ohne Nordstern verliert man sich selbst leicht aus dem Blick.

In den wilden Stromschnellen der immer beschäftigten Welt,

abgestumpft mit tauben Knochen,

und doch versucht man,

sich dem fiebrigen Drängen anzupassen,   dabei ein Lächeln
zur Schau zu stellen.

Wertschätzung

Wurzeln schlagen,

Heimat finden,

bewässert durch

liebevolle Worte des Zuspruchs.

Meinen Freudenstern finde ich dort,

wo man die stille Klarheit

meines Wesenskerns wertzuschätzen vermag.

Heute bin ich gesund und munter!

Man sollte sich viel öfter

gesund und munter melden,

einen Tag der Welt entfliehen,

um zu sich selbst zurückzufinden.

Einsamen Momente in der Dusche

Das Wasser der Dusche sammelt sich

wie Tränen vor mir.

Ich sauge jeden Tropfen auf wie ein Schwamm,

ich kann,

blind von dem Wasserdampf den Kampf

nicht mehr gewinnen:

Und so liege ich am Boden und drohe an der Pfütze aus Tränen
zu ersticken,

die einst mein Selbstwert war.

Dunkelheit

Nimm auch die dunklen Tage an.

Traurigkeit ist eine Vorbereitung der Seele

auf die Freude,

unendliches Glück ist das Licht,

das den Nachthimmel erhellt.

Nimm jede Empfindung an,

denn sie formt deinen Charakter

und führt dich zum Sonnenschein.

Leerraum

Bist du innerlich leer,

du spürst dich selbst nicht mehr,

du kannst den Sinn nicht erfassen

und du willst alles loslassen,

dann denke daran ganz klar:

Was ich dir jetzt sage, das ist wahr.

Leere ist Luft,

ein zarter Veilchenduft

oder der Duft von Morgentau, kühl und klar,

egal, was es für dich ist, nimm es wahr:

Leere ist Luft,

Luft ist Duft

und auch der Atem des Schöpfers in Ewigkeit,

der nie entfernt ist noch so weit.

Leere ist Leben.

Stille Schutzengel

Sensible Seelen

sehen stille Schauer der Angst,

bevor sie einem selbst über den Rücken laufen.

Still und heimlich ergreifen sie deine Hand,

denn geteiltes ist bekanntlich halbes Leid.

Doch irgendwann brechen auch sie unter der Last zusammen,

immer alles richten zu wollen.

Deine helfende Hand kann ihnen die Kraft schenken,

die Engel brauchen,

um wahre Wunder zu vollbringen.

Fürsorge

Fürsorgl -ICH

Fürsorge,

wieso denkst du dabei nicht mal an dich?

Strudel der Vergangenheit

Gefangen im Denkarium vergangener Momente

verpasst man so viel,

was über der Wasseroberfläche des Möglichen liegt,

tückischer Strudel der Vergangenheit.

Schmetterlingsflügel

Gestern erblickte ich einen Schmetterling,

er schien in der Luft zu stehen, auszuharren,

ließ sich treiben von seichtem Wind.

Kam eine ungestüme Böe,

so breitete er seine Flügel aus

und innerhalb eines Moments, eines Wimpernschlags

war er davongeflogen.

Wieso sind wir nicht wie der Schmetterling?

Nutzen gute Tage, Momente des Hochgefühls,

um voranzukommen

und die schweren Zeiten,

um innezuhalten,

Kraft zu tanken für den Weg, der vor uns liegt.

Nur so werden wir im Leben vorankommen,

Großes erreichen und loslassen können.

Traumtänzer

Sie nannten dich einen talentlosen, tatenlosen Trottel,

tagträumend tanzt du an den Massen vorbei,

die mit starrem Blick denselben Weg beschreiten

und das jeden Tag,

bis auch der strahlende Sonnenschein

von einem schmierigen Schleier verdeckt zu sein scheint.

Deine Träume treiben dich in den Ruin?

Trenne dich von deinen fixen Ideen?

Aber was ist, wenn diese dich an den anderen vorbeifliegen lassen, die dich belachen

und heute auch Teil dieser Menschenmasse wurden?

Was wenn aus diesen Tagträumen

das tägliche Leben wird,

in dem du den Blick auf Sonnenstrahlen lenken kannst,

satt und strahlend.

Heilende Stille

Laute Stille

lauert in der Ecke,

in der ich mit mir allein bin.

Ich muss mir die Ohren zuhalten,

um den stummen Schrei,

der in meiner Kehle wohnt,

festzuhalten.

Doch dann gibt es auch Tage,

an denen der Kopf so leise ist,

dass ich das sehen kann, was vor mir liegt.

Lachend zusammenbrechen kann vor Glück über die Stille,

die mich letztlich zu mir selbst führt.

Schatten – Ich

Ich stehe in meinem eigenen Schatten,

mag nicht zu hoffen,

dass mein vergangener Ruhm sich noch einmal wiederholt.

Immer, wenn ich vortreten will,

folgt mir die Kontur des Vergangenen.

Still und heimlich übe ich ohne ihn

-      Im Dunkel –

Einen Schritt vor, nicht mehr zwei zurückzugehen.

Eines Tages werde ich das Gefühl loslassen können,

nicht mehr über mich hinauszuwachsen,

ich muss nur den Spiegel zertreten,

der meinen verräterischen Freund offenbart,

ein verzerrtes Bild meines selbst.

Vom Verlieren und Wiederfinden

Man muss sich erst verlieren,

um sich wieder zu finden.

Ohne den Halt unter den Füßen

weiß man erst den Boden

der Tatsachen zu schätzen.

Grüne Täler

Ich baue mir eine Mauer der Tagträume,

im nicht über meinen Tellerrand blicken zu müssen.

Trägen Blickes kann ich nur die

grünen Spitzen meiner Decke erblicken.

Ich habe noch niemals darüber nachgedacht,

dass das Gras im Tal vielleicht

etwas grüner sein kann.

Satt und verheißungsvoll baut sich dieses Bild in meinem Kopf auf,

bis ich schließlich mit neuem Tatendrang die Daunen

von mir werfe und den Hügel hinablaufe.

Zentrierter Schein

Du sagst mir,

ich sei so zentriert.

Sich zu zentrieren bedeutet,

die eigene Mitte zu erfahren, nach innen zu schauen,

bei sich anzukommen.

Doch wie soll ich das Zentrum finden,

wenn ich mich selbst nicht sehen kann?

Geschriebene Wahrheiten

Wenn ich es geschrieben habe,

kann ich es mir angucken,

der Gedanke kann nicht mehr verdrängt werden

und ich blicke in das Gesicht der nackten Wahrheit.

Geschriebene Worte enthalten die Seele meines Selbst,

das ich preis gebe.

Ich fasse den Mut,

nicht immer jeden Schmerz für mich zu halten,

sondern mich der Welt zu öffnen.

Mit jedem Buchstaben lasse ich eine weitere Hülle fallen,

bis ich schutzlos im Licht des anbrechenden Tages stehe.

Wenn ich es geschrieben habe,

kann ich es mir angucken

und hoffe, dass auch du erblicken kannst,

was mich beschäftigt.

eine sanfte Hand schlägt langsam die Seiten auf

und taucht ein in ein Buchstabenmeer meiner tiefsten Täler.

Blätterkleid

Wie der Herbst

seine Blätter fallen lässt,

lasse auch ich meine Erwartungen los.

Die Erwartung,

dass im Frühling –

helles Tageslicht –

mit zwitschernden Vögeln,

die mich umschwirren,

alles besser sein wird.

Denn die bunten Farben des gegenwärtigen Moments

wohnt ein ganz eigener Zauber inne.

Alptraum – jeden Tag

Am Tage träumen,

damit mir die Alpträume

nachts nicht den Schlaf rauben.

Stumpfer Starrsinn,

leeres Lächeln,

fast nur ein Blecken der Zähne,

an manchen Tagen wohnen die Monster

bereits in den hellen Tagesstunden.

Doch dann kommen Stunden rosa-roter Tagträume,

die mir bewusst machen,

wieso ich das Leben mit jeder Pore lieben kann.

Klare Gedanken wiegen mich dann sanft in erholsamen Schlaf,

traumlos glücklich.

Menschensplitter und daneben ich

Die Menge zerbrach,

Menschensplitter strömten in alle Richtungen.

Ich sah meine Spiegelung in der Wasserpfütze,

verzerrte Grimasse,

immer wenn jemand den Grund aufwirbelt.

Doch als der Lärm verebbte,

die Oberfläche ganz still wurde,

vermochte ich, in meinen Augen die Heimat zu sehen,

die ich so verzweifelt in der Menschenmasse gesucht hatte.

Meine Lippen zu einem zufriedenen Lächeln erhoben.

Alles, was ich brauche, ist bereits in mir.

Salz des Ozeans

Der süße Saft einer Grapefruit

tropft dir das Kinn hinab,

vermischt sich mit dem Salz meiner Tränen,

ein letzter Kuss,

voller Sehnsucht und Wut.

Wieso verlässt du mich?

Dies kann doch nicht unser letzter Sommertag sein,

der letzte Tag am See,

an dem sich so oft der Geschmack des erdbeerigen Eises

mit der salzigen Kraft der See vermischte.

Der kleine Baggersee fühlte sich an wie ein Ozean

voller Möglichkeiten,

eine gemeinsame Zukunft mit so vielen leeren Seiten.

Doch du schreibst „Ende" unter die Abbildung unserer
lachenden Gesichter

und du verlöschest das brennende Feuer unserer nahenden Zukunft.

Mein Ozean ist nun ausgetrocknet zu

einem Teich,

Algenschliere nehmen mir die Sicht.

Und der süße Geschmack der Grapefruit erscheint mir plötzlich nur noch bitter, nicht mal bittersüß.

Denn wenn man sich ein ganzes Leben ausgemalt hat,

vermögen einige Erinnerungen die Leere nicht mehr zu füllen.

Eine Liebe voller Bestand

Du bist

so schön wie die kristallklare See,

deine Augen funkeln voll Abenteuer.

In deinen Armen

rieche ich eine frische Sommerbrise,

selbst im tiefsten Schneegestöber,

ein wohliger Schauer erfasst den Flaum.

Ich wünschte nur,

du wärst nicht flüchtig wie ein Schmetterling,

sondern mein beständiger Fels,

statt Brandung die ruhige See.

Der Lärm der verstreichende Zeit

Spürst du

den Lärm der verstreichenden Zeit?

Sei bereit

für den Tag,

an dem die einzige Frage ist:

Hast du gelebt,

vom Morgengrauen

bis zu der verschwommenen, wohligen Wärme

kurz vor dem Schlaf?

Wirklich gelebt, aus vollem Herzen?

Schotte dich nicht ab,

höre zu – wirklich zu,

was das Leben dir zu sagen hat.

Hoffnungslos selbstlos

Hoffnungslosigkeit

umhüllt mich wie eine Decke.

Eiskristalle wie Nadeln

durchbrechen mein Herz,

meine Knochen brechen unter der Last

der bleiernen Leere,

die ich einst mein Leben nannte.

Hoffnungslosigkeit,

Selbstlosigkeit brachte mich zum Fall.

Meinen Lebensschimmer trägst du

jetzt in deinen Augen.

Rätselatem

Ein von Wimpern

umschattetes Gesicht,

geheimnisvolles Lächeln.

Ich kenne dich schon so lange,

doch du bist mir noch ein Rätsel,

flüchtig wie der Winteratem,

in Wolken wie ein Brautschleier.

Erlaubst du mir, ihn zu lüften?

Die Einsamkeit der Zweisamkeit

Mit dir bin ich nicht allein,

aber einsam,

sammle die Scherben der Gedanken wieder ein,

die ich mit dir teilte

und die du achtlos überhörtest,

bis meine sorgenvollen Worte

unter deinem mechanischen Nicken zerbrachen

und ihre Bedeutung verloren.

Lieber allein in mir,

als einsam bei dir.

Das Rauschen fremder Geschichten

Der Wind flüstert

mir Geschichten zu

über Menschen aus vergangenen Zeiten.

Nur Momentaufnahmen

des übersprudelnden Glücks,

aber auch bodenloser Traurigkeit.

Aus dem Flüstern wird ein Rauschen,

unbeschreiblicher Lärm,

der die bunten Blätter wegfegt.

Ich merke wohl,

dass ich das Brüllen ausblenden

und meine kostbare Aufmerksamkeit auf mich richten muss –

der Lärm verstummt im Nu.

Vergleichen bringt mich nicht weiter – Mitgefühl ist gut, doch
Mitleid bedeutet nur, dass man irgendwann an vergangenem
Leid erstickt.

Sorgloser Regentanz

Früher konnte ich

sorglos durch den Regen tanzend

das Gestern vergessen,

in haltloses Lachen ausgebrochen

die Angst vor dem Morgen zur Seite schieben.

Ich sehne mich zurück zu den Tagen, an denen ich mich

mir selbst bewusst voller Vertrauen

dem Leben hingab.

Gedankenlose Nachtschwärmer, sorgenvolle Träumer

Die Stimmen gedankenloser Nachschwärmer erfüllen die Luft,

atemlos vor Freude, versunken im Moment.

Ich blicke von meiner Terrasse

auf eine vollkommen andere Welt,

Stille trifft auf reges Treiben,

selbstversunkene Einsamkeit auf offene Augen und Arme.

Meine dicke Daunendecke ist kein Trost für die Leere,

die mich einnimmt.

Ich öffne die Tür und lasse mich von der murmelnden Masse treiben,

die Decke brauche ich nicht mehr.

Mein Atem ist Feuer und Flamme für diese Nacht –

Vom sorgenvollen Träumer zum gedankenlosen Nachschwärmer,

frei und schwerelos.

Ungewisse Gewissheit

Das Ungewisse

birgt wahres Wachstum:

Wenn du annimmst,

dass du die Kontrolle abgeben musst,

in tiefem Vertrauen,

dass du alles schaffen kannst:

Die Gewissheit einer verheißungsvollen Zukunft.

Puzzle voll Liebe

Wenn man sich küsst

repariert man sich gegenseitig.

Es setzt sich das Puzzle zusammen,

bis ein Bild entsteht,

das der eigenen Persönlichkeit entspricht.

Schließe Menschen in dein Herz,

die dir dabei helfen,

dich so zu sehen,

wie sie dich sehen: Vollkommen und vor allem: Genug.

Vereint in einem endlosen Kuss.

Erinnerungen ans Gestern

Erinnerungen sind ein sich ständig wandelnder Fluss:

In einem Moment dachtest du,

das Gestern sei der schönste Tag gewesen,

bis du realisierst,

dass dir dein Kopf einen Streich gespielt hat.

Aus Angst vor dem Morgen

ließest du die Präsenz des Gestern den Moment überdauern.

Doch nur,

wenn du das Jetzt intensiv lebst,

kannst du im Leben ertrinken,

dich verirren in der Ewigkeit.

Einfach nur du

In deinem leisen Lachen liegt

ein sanfter Sommerregen,

der das flaumige Feld

zum Flimmern bringt.

Ich könnte ertrinken in Ewigkeit,

lauschend nur deinem Atem,

der sich mit meinem vereint

und eine Symphonie der Lebendigkeit bildet.

Gemeinsam verloren

Leuchtende Lichter

erhellen die sternenlose Nacht,

verlorene Seelen

treffen sich in einem stillen Gruß,

ein Blick aus hellen Augen reicht,

um die Leere im Inneren zu füllen

und die Schönheit der hellen Herbstnacht

gewahr zu machen.

Lebenslinien

Ich schwebe frei, schwerelos,

ich fühle mich unbesiegbar und groß.

Ich bin ohne Sorgen, sorglos

geht das wahre Leben los!

Tiefe Falten gruben sich in mein Gesicht,

verdeckten das Licht,

das jeden Tag scheint auf mich,

ist es nicht herrlich?

Nun sind die Falten wieder glatt,

ich fühle mich träge und satt,

schwer voll Glück

blicke ich niemals zurück.

Frei und schwerelos, ohne Angst

egal, was du von mir abverlangst – Leben.

Sternenstaub

Wir alle sind Sternenstaub,

verwelken wie das Laub

wird nur unser Leib,

nicht aber das, was uns antreibt.

Unser Geist wie ein Vogel klein,

ist immer mein

Kern,

wie ein Nordstern.

Wir sind alle mehr als der Anschein,

am Ende sind wir doch allein,

sollen wir uns selbst dann nicht lieben,

anstatt sein von Wut getrieben?

Selbsthass zerstört die Seele,

was bringt es, dass ich mich selbst quäle,

am Ende habe ich doch nur mich,

wieso bin ich dann nicht herzlich.

Regensymphonie

An manchen Tagen

muss man

einfach in Stille verweilen,

sich der

kraftspendenden Melodie

des Regens hingeben.

Feueratem

Ein Feuerschweif -

Mein Atem.

Alles um mich verbrennt

in das Unkenntliche.

Ich vergifte

die Umgebung

mit meiner unkontrollierbaren Angst

vor allem und jedem.

Kontrolliere ich

einmal meinen Atem

in ich frei,

liebevoll und in Kraft,

stolz wie ein Drachen.

Lange Nächte

Lange Nächte voller lautem Lachen,

die Füße kühlen im

Fluss des Lebens

und gönnen sich eine Pause.

Ein tiefer Atem aus

Pfefferminz, Zigarettenrauch,

ein Versprechen von mehr.

Achtsame Schritte

überqueren die Brücke,

saugen den Moment auf,

funkelnde Sterne heißen den Suchenden willkommen,

lange Nächte voller lautem Lachen,

tiefe Gespräche

Innehalten,

übermannt von tiefen Gefühlen,

ein Verloren Sein in der Masse.

Doch das heißt auch,

sich selbst neu zu entdecken

in dieser ganz besonderen Nacht

und rauszuschreien,

was man fühlt und wer man ist.

Gleichmütige Geborgenheit

Knarrende Stämme, peitschende Äste,

draußen herrscht ein reger Kampf

der Wettergötter,

blinzelnd kann man sogar einen Blick auf einen Blitz erhaschen.

Doch all das macht dir keine Angst,

denn du weißt:

Alles ist allerbestens

in deinem kleinen Kokon aus Kissen.

Geborgenheit findest du trotz raschem Regen,

Und das nicht durch Küsse,

sondern kichernde, kindliche Kleinigkeiten,

die du nur mit dir selbst teilst.

Dein sicherer Hafen bist du selbst,

der Steuermann mit klarem Blick trotz grollender Gischt.

Maskenmeer

Ein Fuchs flieht flink,

federnde Pfoten,

ein freches Funkeln in gütigen Augen beweist,

dass in jedem Menschen mehr steckt,

als es den ersten Anschein macht.

Harte Masken der Arroganz

vermögen eine alte Seele zu verbergen,

die Verletzungen davongetragen hat.

Finde die Offenheit,

dich über deine Reserviertheit zu erheben -

Menschen halten so manche Überraschung bereit.

Heimatgefühle

Nährende Stille

benebelt mich mit süßem Duft nach Zimt,

ein Hauch Rauch im Haar.

Überreste des Kaminfeuers,

das nicht nur meine eisigen Hände,

sondern auch meine Seele erwärmte.

Der Geschmack von schmelzender Schokolade im Mund

lässt mich im Hier und Jetzt ankommen,

meinem einzig wahren Zuhause.

Nährende Stille

ist mein grünes Licht der Hoffnung,

das mich zu mir selbst zurückführt,

denn ich bin meine wahre Heimat.

Geborgen in Leidenschaft

Ich möchte mich in jemandem verlieren,

kein Anfang oder Ende,

zwei Puzzleteile,

die ein großes Ganzes bilden.

Nicht nur geleibt werden, sondern selbst

den flammenden Funken

wahrer Leidenschaft fühlen,

geborgen in unendlichem Vertrauen.

Gebe mich nicht mehr zufrieden mit dem Gefühl,

geliebt zu werden,

wenn ich doch selbst so viel Liebe geben kann.

Hungrig nach Liebe und Anerkennung

trifft man nie die richtigen Entscheidungen,

puzzle achtsam mit Bedacht,

suche nicht, sondern finde,

bis jedes Teil passt.

Wiedersehen

Wiedersehen mit dir

fühlt sich an,

als wären Sekunden vergangen,

als wir uns das letzte Mal

in die Augen blickten.

Wiedersehen mit dir

bedeutet Lachen, laute Liebe,

Quellen übersprudelnder Freude.

Und wenn ich winkend

dem Dunst des Zuges hinterher blicke

verfliegt die Wehmut schnell,

denn ich weiß:

Wiedersehen mit dir

fühlt sich an,

als wären Sekunden vergangen.

Erblühende Kraft

Du bist wie der Blumensamen,

der auf steinigem Grund

achtlos weggeworfen wurde.

Niemand glaubt,

dass du es schaffen kannst,

niemand sieht dein Potential.

Doch dann kommt der eine Vogel,

der dich liebevoll in den Schnabel nimmt

und zu saftigem Grund trägt.

Das Warten lohnt sich.

Immer.

Sternenstaub Pt 2

Der Sternenhimmel

bricht die Wasseroberfläche,

tanzende Lichtpunkte

laden zum Verweilen ein.

Erst auf den zweiten Blick

kannst du erkennen,

dass jeder kleine Schein

sich von den anderen unterscheidet.

Und doch ruht ihnen allen

ein unbändiges Feuer inne.

Wir Menschen bestehen aus Sternenstaub.

Genau wie den Sternen

ruht jedem einzelnen von uns

ein unauslöschliches Feuer inne,

Ausdruck unserer einzigartigen Talente.

Unterschiedlich und doch so gleich. Gleich wertvoll.

Atemduett

Ich möchte niemanden,

der mir den Atem raubt,

wie soll ich ohne Atemluft leben?

Ich möchte niemanden,

dessen Feuer mich auffrisst,

bis nicht mal meine Seele bleibt.

Nährende Wärme,

Liebe von tief Innen,

bis wir im Einklang atmen.

Atemduett,

vereint in achtsamer Achtung

füreinander und sich selbst.

Die Leere des Augenblicks

Wir verlieren uns so oft in leeren Worten,

die für uns alles bedeuten mögen,

doch wenn ein kleiner Satz den Moment

für uns zur Unendlichkeit werden lässt,

ist er für den anderen oft nur eine leere Hülle,

die seine Absicht,

einfach nur gut dazustehen,

kaum zu verdecken mag.

Neuanfang

Grünes Gras –

Lass uns einfach mal fallen lassen

in die Arme der Natur,

um aufzutanken.

Tief zu atmen,

in der reinen Luft zu realisieren,

dass auch unser Kern klar und rein ist,

wir einfach nur Energie sind,

die allein durch die Worte anderer vergiftet werden kann.

Doch genau wie das Gras durch einen Schnitt

können auch wir neu anfangen,

sattgrün erblühen,

stark und frei über

jedes böse Wort hinweg lächeln.

Funkelnde Tränen

Wir leben in einer Welt,

in der der Klang der Worte

oft mehr Bedeutung hat,

als ihr Inhalt.

Schöner Schein

vermag die Verletzlichkeit der Seele

zu überdecken:

Funkelnde Diamanten

sehen nun mal fast wie Tränen aus.

Dein Feuer, meine Kälte

Rauchpartikel wie Schnee –

der Himmel weint

genau wie ich,

als ich realisierte,

dass dein Feuer mich zu verbrennen droht.

Auch deine Worte sind Schall und Rauch,

mit einem letzten Atemholen

lasse ich die Wärme los und versuche,

mich mit der Kälte in mir anzufreunden.

Gegen das eisige Blau kann ich mich zumindest

mit Schal und Mütze schützen,

wohingegen gegen ein Flammenmeer

nicht gebändigt werden kann.

Butterweicher Rauch

Butterweich rollt mir das Wort über die Zunge

-    Liebe -

Lebenslust, auf ein Luftschloss erbaut,

wie im Lichtspielhaus zeigen sich jeden Moment neue Facetten

der immergleichen Person.

Langlebige Lebendigkeit,

weil du leibhaftig vor mir stehst.

Schon schmilzt es in meinem Mund

und vermischt sich mit meinem Atem,

kondensiert zu süßem Rauch,

der dieses Lebensgefühl in die ganze Welt zu tragen vermag.

Atem der Zukunft

Ich atme Worte ein,

bittersüß vermischt sich

ängstliche Analogie mit

himmeljochjauchzender Hyperbel.

Ich schmecke die Verheißung

einer ungezähmten Zukunft auf meiner Zunge.

Zuhause in mir

Mein größtes Ziel am Ende des Lebens?

Ich möchte doch wie jeder andere ein Haus gebaut haben,

ein Haus aus Erinnerungen.

Egal, welchen Raum ich betrete,

ich fühle mich zuhause.

Vibrierende Erwartung erfasst mich,

auf den Tag,

an dem ich auf mein Leben zurückblicke und sagen kann:

Ich habe gelebt und nehme jeden Moment,

jede Erinnerung an,

sind sie es doch,

in denen ich meine Heimat gefunden habe.

Stilles Glück

Still rastet ein sanftes Lächeln auf meinen Lippen,

tief im Moment versunken ehre ich das,

was nicht nur mein Leben,

sondern auch mein Glück ist.

Gieriger Atem nach mehr

verwandelt sich in einen tiefen Luftstrom,

in Dunst kondensiert der süße Atem der Zufriedenheit.

Die Zeit hat sich wieder zusammengesetzt,

bis sie ein Bild ergibt,

das der wahren Natur der Sache entspricht.

Worte der Anerkennung

Wie der Sonnenuntergang des Meer

mit bunten Farben übergießt,

leerst du einen Eimer voll Erkenntnis über mich.

Mit nur einem kleinen, leisen Wort der Anerkennung

sorgst du dafür, dass sich die wilde See beruhigt,

aus Gischt ein sanftes Rauschen wurde,

bei dem ich selig lächelnd in den Schlaf fand.

Komplimente können Balsam für die Seele sein.

Heimat - Ich

Ich nehme mich zur Kenntnis,

entdecke nicht nur eine verschwommene Kontur,

sondern ich kann

zuversichtliche Augen erblicken in einem Gesicht,

in dem ein Hoffnungsschimmer wohnt.

Blicke ich nun in den Spiegel,

sehe ich nur eins:

Die Heimat in mit.

Natur in meinen Adern

Laubgelb, wolkenweiß,

voller Lebenslust gewinne ich

mit jedem Schritt die Natur ein bisschen lieber.

Himmelblau scheint die Somme auf meine Nasenspitze,

fordert mich dazu heraus,

ein leises Niesen auszustoßen,

um meinem grenzenlosen Glück eine Sprache zu geben.

Lausche ich aufmerksam,

höre ich, wie der Fluss mir

mit einem leisen Lachen antwortet.

Liebgewonnene Natur wird ein Teil von mir.

Das Wasser des Lebens fließt durch meine Adern,

ein Lachen trage ich so

immer in meinem Herzen.

Der eine Moment

Im Schatten der Bäume

sehe ich in jeder Scheme

Blitzende Augen, grün und voller Charme.

Ich werde zurückversetzt an den Tag,

an dem wir uns das erste Mal sahen.

Das war der Moment,

der sich für immer auf unser Leben auswirkt.

Ein Sommerabend am See,

es war ein Baum, stark und aufrecht,

unter dem du lagst.

Auch durch die dunklen Gläser der Sonnenbrille konnte ich dein Feuer erkennen – du lächeltest und die Geschichte begann.

Auch wenn wir nun weitergezogen sind,

du nach Nord, ich nach Süd,

treffen wir uns an unserem Baum jedes Jahr,

dieselbe Zeit, derselbe Ort.

Nur du und ich,

deine strahlenden Augen wie wegweisende Sterne

und die Erinnerung an längst vergangene Tage.

SonnenBlume

Ich schloss die Augen

und nahm die Sonne in mich auf,

wurde Teil des Planeten.

Glaubte nicht mehr,

dass sich die ganze Welt um mich dreht,

sondern wollte die Gesichter der Menschen

mit einem Lächeln erhellen.

Merkte,

wie viel ich bewegen kann.

In mir lebt ein ganzes Meer aus Blumen.

Rote Köpfe stecken sich lachend mit gelben Gesichtern zusammen

und verströmen ihren betörenden Geruch.

Wenn die Sonne so etwas wunderschönes, sattgelbe Sonnenblumen hervorbringt,

wieso sollte ich das nicht auch können?

In jedem steckt ein bisschen Sonnenschein.

Sternenstaub Pt 3

Ich blicke in den sternenhellen Sommerhimmel,

erblicke die strahlenden Sterne

und lausche deinem rhythmischen Atem.

„Jeder Mensch besteht zu 97 % aus Sternenstaub."

Ich blicke in dein staunendes Gesicht.

„Dann bist du mein Nordstern."

Strudelkuchen

Heute backe ich einen Emotionenstrudel,

zu Zucker und Eiern passt am besten

ein Schuss Lebensfreude.

Zum Mehl

stiehlt sich eine Messerspitze Angst in den Teig.

Das Sprudelwasser ergießt sich

wie ein unkontrolliertes Lachen

und flutet die Ränder der Schüssel.

Ist der Teig so noch brauchbar?

Lass alles zu,

der Mix der Emotionen gehört zum Leben.

Auch im Strudel der Gefühle lässt sich

ein wohlduftender Kuchen backen,

der zum Verweilen einlädt und Heimat verströmt.

Perspektivenwechsel

Derselbe Ort,

aber doch fühlt es sich gänzlich anders an.

Kichernder Übermut

sprudelt meine Kehle hinauf.

Was es ausmachen kann,

wenn man nur seine Perspektive ändert.

Leckender Schmerz

Eine rote, jäh aufspringende Gischt erfasst mich,

zügellose Gefühle lassen meinen Körper schwanken,

als wäre ich auf hoher See.

Die Zuge tiefen Schmerzes leckt bereits an mir,

wird jedoch von der auflodernden Glut weggespült.

Das Leben ist nun mal

nicht immer rosa rote Zuckerwatte,

friedlich im Wind,

schreiende Böen erfassen mein Haar,

bis wieder die Zeit kommt,

dass aus einem verzweifelten Schrei ein Lachen wird.

Sprachloses Selbst

Hörst du zu viel auf die „guten Ratschläge"

anderer Menschen,

merkst du irgendwann,

dass deine eigene innere Stimme,

verwirrt von all dem Lärm,

eine andere Sprache spricht.

Taub von dem Gefühl,

den Erwartungen nicht zu entsprechen,

musst du dir selbst eingestehen,

dass du keine Ahnung mehr hast,

was dein innerster Kern eigentlich ist.

Klarste Dankbarkeit im Blick

Das Licht küsst die Traurigkeit,

flatternde Augenlider

offenbaren Augen

so tief wie ein Bergsee.

Unendliche Traurigkeit im Blick kann sich

mit einem bewussten Atemzug,

kitzelnde Strahlen auf den Gesicht,

innerhalb von Sekunden

in einen Ozean der Freude verwandeln.

Man muss nur den Schleier der Trauer ablegen

und den Blick

in tiefer Dankbarkeit immer klarer werden lassen.

Zuflucht der Ungewissheit

Im Nichtwissen

weiß ich doch eins:

In der Annahme der Ungewissheit des Morgen

liegt gleichzeitig

ein Kopfsprung in unendliches Glück.

Selbstverlorenheit

Ruhe,

nicht tote Grabesstille,

sondern das Verloren sein im Selbst,

in dem man ganz vergessen hat,

was man sagen wollte,

um anderen zu gefallen.

Knotenlos

Körper und Geist im Einklang bedeutet,

seinen inneren Seelenfrieden zu finden,

den Faden von hinten wieder aufzurollen,

bis jeder Knoten sich gelöst hat

und freier Kehle die Seele

die Essenz des Selbst wieder einsaugen kann.

Verlockung des Vergangenen

In der nackten Leere des Bewusstseins

offenbart sich die Geschlagenheit der Seele -

ohne den Zugriff auf die wahre Essenz des Seins

kann der Blick keinen Punkt mehr fixieren,

sondern wandert blicklos in die Ferne.

Auf der Suche nach einer besseren Vergangenheit.

Trügerische Gedanken

Die Gedanken

kreieren ein Idealbild,

das, kaum ist es in meinem Bewusstsein angekommen,

den Blick auf die Realität versperrt.

Ausschließlich Achtung vor mir selbst

kann die realen Möglichkeiten,

meist bereits unmittelbar vor meiner Nase,

wieder in das Blickfeld schieben,

wo zuvor ein blinder Fleck

dem Leben die Farbe entzogen hatte.

Lachen eines Kindes

Lachender Übermut dreht sich im Kreis,

bis er

- nach Atem ringend -

rücklings ins Gras fällt,

mit dem Blick den Strahlen der Sonne folgend.

Gibt es überhaupt ein besseres Geräusch,

als das eines sorgenlosen Kinderlachens,

das aus der Kehle eines alternden Gesichts entweicht?

Neue Realität

Rücksturz in das Tägliche,

ein Neubeginn,

tief bewegt vom Erlebten.

Einfach mal rauskommen

Aus dem Trott der Realität

öffnet den Blick dafür,

was doch alles möglich ist,

eine sanfte Landung in neue Möglichkeiten.

Märchenwirklichkeit

Es holt mein Schattenherz

wieder in die helle Wirklichkeit der Realität.

Nur was einmal in Scherben lag,

kann wieder auferstehen,

wie ein Phönix die Asche von sich werfen

und ins Licht fliegen:

Wachsam leben, aber genauso die Magie der Märchen einatmen.

Falsches Vertrauen

Gedankenschwärze,

Blutnebel,

In fremden Gesichtern vermag ich nur dein strahlendes Blau
zu sehen,

bis die Realität verschwimmt.

„Liebe ist stets genug" sagten sie,

doch meine Liebe allein reicht nun mal nicht,

wenn du es nicht auch fühlst.

Doch am schmerzlichsten ist nicht diese Erkenntnis,

sondern dein Blick, wenn du sie küsst,

versunken in euer gemeinsames Sein.

Siebe kleine Worte

Ein Stein legt sich auf meine Brust.

„Wenn sich das ändert, melde ich mich."

Jede Silbe deiner Worte lässt das Gewicht immer enger werden,

bis es mein Herz verschließt.

„Wenn sich das ändert, melde ich mich."

Meinst du nicht vielmehr,

dass ich mich ändern soll, weil ich so, wie ich bin,

nicht genüge?

Der Geschmack der kleinen Dinge

Der Geschmack der kleinen Dinge,

dein Lächeln am Morgen

benetzt wie Tautropfen meine Augenlider

und lässt die ganze Welt wie unter einem magischen Schleier
verborgen voller unendlicher Möglichkeiten erscheinen.

Der Geschmack der kleinen Dinge,

doch eigentlich ist es nur ein Ding – du.

Danke

Ich dachte, ein „Danke" wäre angebracht.

„Danke" für deine leeren Worte,

„Danke" für deinen unaufmerksamen Blick,

„Danke" für das gekünstelte Lächeln,

der dein Desinteresse kaum verbarg und mir die Illusion vermittelte, dein „Für immer" zu sein – oder zumindest dein „Hier und Jetzt".

Dadurch lernte ich, stark zu sein,

stählernen Blickes auf mein Ziel fokussiert

die Gefühle, die mich übermannten,

hinter einer machtvollen Maske zu verbergen,

stets gut gelaunt und voller Vertrauen, das ich von nun an nur noch in mich selbst stecke.

So viel von dir bleibt zurück

Ich packe meinen Beutel der Erinnerungen mit deinem Lachen,

das nicht nur deine Augen zum Funkeln bringt,

sondern auch das weite Feld mit einem Schleier glimmernder Verheißung überzieht.

Dein tiefer Blick,

durch und durch,

passt kaum in das ausgewählte Glas,

sondern sprengt die Grenzen meiner Vorstellungskraft.

Wie soll ich in weiter Ferne leben,

wenn all das nur zu einem Schatten in meiner Erinnerung verblasst?

Für immer dein Kind

„Irgendwann wirst du erwachsen sein und mich nicht mehr brauchen" sagtest du und ich sah den Schmerz in deinen Augen.

Mittlerweile bin ich einen Kopf größer als du, kann deine Zartheit mit einem Arm umfassen, drohe dich zu zerbrechen.

Doch immer, wenn ich in deine Augen blicke,

ziehen alle unsere gemeinsamen Momente an mir vorbei – Vertrauen flutet meine Adern und ich bin wieder ein kleines Kind.

Ich werde dich immer brauchen, auch wenn deine Kraft schwindet, bist du doch so viel beständiger als ich –

Heimat bist nur du.

Ich und Du

„Ich weiß nicht, ob das mit uns beiden passt."

Mit diesen kleinen Worten vermagst du mein Selbstwertgefühl in den Keller zu verfrachten, während du dich zufrieden in Höhen sonnst.

Du denkst, alles richtig gemacht zu haben, schließlich hast du gesagt, was in dir vorgeht, aber höre in dich hinein:

Hättest du es überhaupt angesprochen, hätte ich dich nicht in die Knie gezwungen?

Nach dem großen Knall muss ich mich erst wieder orientieren.

Ohne deine Hand drohe ich den Halt zu verlieren –

So sehr bin ich gewohnt, dass du mir die Richtung weist.

Doch gerade, weil ich koexistierte mit dir, weiß ich nun, was ich   nicht   will:
Dich und mich,

viel lieber ein Ich,

das freiherzig lachend durch die Felder tollt.

Die große Suche

Ich begab mich auf die Suche,

auf die Suche nach der Antwort:

„Was ist es, das im Leben zählt?"

Dabei überquerte ich endlose Wüsten, in der Nacht bitterkalt,

doch ich fror nicht,

eine Decke legte sich schützend über mich.

Im gefluteten Tal konnte ich mich an einer Wurzel festhalten

Und wurde so nicht vom reißenden Strom mitgerissen.

So brauchte ich viele Jahre,

das Ziel war nicht in Sicht,

bis ich letztlich wieder am Startpunkt landete.

Ich sprang über eine kleine Pfütze und landete lachend bei mir.
Ich konnte es kaum fassen: Ich hatte das Licht des Lebens im
Außen gesucht, dabei war es die ganze Zeit in mir.

Alptraum Realität

Mein blütenweißes Kopfkissen färbt sich schwarz mit Flecken der Angst.

Alpträume lassen mich unruhig hin- und her wälzen und klecksen wie Tinte in großen Flecken in mein Gedächtnis.

Bin ich wach, kann ich sie nicht loslassen,

festgetrocknet in meinem Kopf, habe keinen Tintenlöscher zur Hand.

So ist das Leben, Tag für Tag, wenn aus deinem schlimmsten Alptraum bittere Realität wird.

Fest der Bedeutungslosigkeit

Wenn ich in dein Himmelblau blicke,

macht mein Herz einen Salto,

wenn doch mein Kopf weiß,

dass ich eigentlich ein Fest der Bedeutungslosigkeit feiern
sollte,

dieser ganz besondere Blick galt nun mal nicht nur mir.

Meine Welt

Das Rot, das man sieht, wenn man mit geschlossenen Augen
in die Sonne schaut, erblicke ich in Realität immer nur,

wenn mein Blick mit deinem Himmelblau kollidiert.

Der eine

Wie du weißt,

dass du den einen gefunden hast?

Wenn du so sehr liebst,

dass du vergisst, nicht schwimmen zu können

und die Strömung dich trotzdem trägt,

statt dich in einem unerbittlichen Strom unter Wasser zu ziehen.

Ist es das wert?

Vielleicht ist es einfacher, nicht zu lieben,

dann müsste man sich nicht mit Dingen anfreunden, die längst vergangen sind,

doch was ist der Moment schon wert, wenn man ihn nicht mit einem anderen teilt?

Scheinheiliger Schein

Ich erinnere mich gut an deine Worte,

die zu meiner Realität wurden:

„Es war schön mit dir."

Langsam wurdest du zu meiner gesamten Welt, fünf kleine Wörter, die so viel Macht hatten,

aber leider nur für mich,

für dich bedeuteten sie nur die Aneinanderreihung alltäglicher Begegnungen.

Leidenschaft oder Liebe?

Ich wünsche dir,

dass du das Feuer der Leidenschaft in dir entfachen kannst,

es lodernd an deinen Kleidern leckt,

ohne dich zu verbrennen.

Ein Abenteuer, nicht wie im Märchen,

sondern einer Seefahrergeschichte entsprungen,

haltlos klatschend an den Bug.

Ich wünsche dir all das „Mehr", das ich dir nicht geben konnte,

doch erwarte nicht, dass ich noch da bin,

wenn du dich darauf besinnst,

dass ein „Happily ever after", geborgen in Zufriedenheit,

so viel mehr wert ist.

Salziger Regen

Ein Regentropfen fließt die Scheibe hinab,

er vermischt sich mit meinen salzigen Tränen.

Die Wange an die Scheibe gepresst,

fest verschlossenen Auges versuche ich zu vergessen,

dass dieser Moment eigentlich uns gehörte:

In zufrieden schläfrigem Schweigen neigten wir dazu,

gedankenlos mit der Hand des anderen zu spielen, versunken
im Gegenüber.

Jetzt fehlt deine Stirn der meinen,

haltsuchend drücke ich mich gegen die Scheibe,

die mich nur durch meinen kondensierenden Atem wärmt.

Doch es bleibt der Phantomschmerz.

Deinen beständigen Griff kann niemand ersetzen.

Ich laufe…

Ich laufe –

Nur, wenn man losläuft, ohne groß darüber nachzudenken, wird man nicht von einem beständigen Schmerz langsam in seine Einzelteile zerlegt.

Ich laufe –

Dabei vermischt sich mein kondensierender Atem mit der Sintflut, die auf mich niederprasselt.

Zwar langsam,

doch ich komme stetig voran.

Alles ist besser, als stehen zu bleiben, gefangen in der Erinnerung, die nie mehr lebendig wird.

Ich laufe.

Der jetzige Moment

Ich halte inne,

um den Moment ganz in mich aufzusaugen,

das Hier und Jetzt,

auch wenn mich nicht stetig ein Sonnenstrahl an der Nase kitzelt,

ein Regenbogen mir den Weg weist

oder ein Orchester für mich ein Lied anstimmt,

sondern schwarze Gewitterwolken verfolgen jeden Schritt,

ein Trauermarsch ertönt,

kann ich mich nur so auf meine Stärke besinnen,

die auch an den dunkelsten Tagen mein Handeln lenkt.

Reine Zeitverschwendung

Gelöst lachen kann ich nun,

da ich weiß,

dass ich dir rein Garnichts bedeute.

Jeder Blick von dir nur ein Abziehbild dessen,

was du ihr entgegenbrachtest.

Entgegen besseren Wissens wollte ich mich ändern,

deinen Vorstellungen entsprechen,

bis dein Blick klarer und dein Lächeln wärmer wird.

Was für eine Zeitverschwendung wäre es gewesen,

hätte ich ewig auf dich gewartet?

Glück bist du

Herzen brechen zu blutroten Splittern.

Das kannst du wohl,

unaufmerksam hast du es auf dem Boden der Tatsachen festgetreten, bis ich es nicht mehr zusammenzusetzen vermochte.

„Scherben bringen Glück."

Könnte ich dieses Glück nur irgendwo anders erblicken als in der Erinnerung an uns –

Mein Herz – heil und ganz – voller Vorfreude auf den nächsten Glasmoment mit dir.

So lange warst du mein Universum, bis ich realisierte,

dass die Galaxie noch so viel weiter reicht,

Milchstraßen – wie Seitengassen,

Führen ins Unbekannte.

Doch was, wenn am Ende das Glück winkt?